ÉPICERIE

DU MONDE

LIBAN

Je tiens à remercier sincèrement Barbara Abdeni Massaad, présidente de *Slow Food Beirut*, pour la relecture de mon manuscrit et ses précieux conseils.
Auteure culinaire et photographe libanaise, elle anime le blog :
http://myculinaryjourneythroughlebanon.blogspot.fr

Man'ouché, au cœur du traditionnel four à pain libanais, Alarm Editions, 2005 (FR)
Mezze, a labor of love, autoédition, 2013 (http://buylebanese.com)
Mouneh, preserving foods for the lebanese pantry, autoédition, 2010 (EN)
(http://buylebanese.com)

Déjà parus dans la même collection :
INDE
ITALIE

Pour être tenu au courant de nos publications,
envoyez vos coordonnées à :
Editions La Plage – 60, rue Monsieur-le-Prince – 75006 Paris
edition@laplage.fr
www.laplage.fr

ISBN : 978-2-84221-362-6
Conception graphique : David Cosson – dazibaocom.com
Correction : Clémentine Bougrat
Photogravure : Atelier Six, Montpellier

FSC MIXTE Papier FSC® C112206

Imprimé sur du papier issu de forêts gérées durablement,
à Barcelone, sur les presses de Beta (ES), imprimeur labellisé
pour ses pratiques respectueuses de l'environnement.

TEXTES ET PHOTOGRAPHIES DE

LINDA LOUIS

ÉPICERIE DU MONDE
LIBAN

éditions la plage

SI JE DEVAIS ÊTRE UNE CUISINE DU MONDE, JE SERAIS LIBANAISE…

Depuis mon enfance, j'ai été bercée par le goût d'une cuisine simple, authentique, élaborée à partir de légumes et de fruits du jardin. Croquer dans une tomate gorgée de soleil, confectionner de jolis bouquets de persil et de coriandre, savourer un ragoût de lentilles au thym faisait partie de mes petits bonheurs du quotidien. Étudiante, je préparais mes premiers houmous, falafels et baklavas, avec les imperfections dues aux essais d'une débutante. Désormais, je m'adonne à la cuisine sauvage, riche en herbes, en fruits acidulés et à coque, et à la cuisine végétarienne qui m'a poussée à explorer d'autres horizons culinaires que le terroir français. De mes racines berrichonnes à mon intérêt croissant pour les saveurs du Liban, il me restait quelques marches à franchir pour réaliser ce livre : dévorer des ouvrages spécialisés sur le sujet, cuisiner et goûter, sans cesse.

Si la cuisine libanaise est classée *de facto* dans la cuisine orientale, elle ne revêt pas les mêmes atours que les recettes du Maghreb, plus riches en épices, plus corsées. Ne craignez pas de cracher le feu, mais succombez plutôt aux parfums d'une gastronomie réputée des plus délicates. Si vous préparez un repas libanais, vous serez comblé par les compliments de vos invités et le plaisir de les voir se régaler.

La cuisine libanaise est à l'image de sa population : cosmopolite, voyageuse et solaire. Situé au carrefour de la Grèce, de la Turquie, de la Syrie, d'Israël et de la Palestine, le Liban a concentré au fil des siècles les meilleurs savoir-faire et saveurs de ces pays qui ont marqué son histoire. Mieux, il a su créer sa propre identité culinaire ayant contribué à sa réputation désormais légendaire. Le mezzé, multitude de petits plats divers servis dans des raviers que l'on déguste du bout des doigts, en fait partie. Également présent sur les tables des pays de l'ex-Empire ottoman, le mezzé libanais se caractérise par sa grande diversité, son équilibre des goûts et des textures : cru, cuit, doux, piquant, fondant, croquant, amer, acidulé… Vous trouverez dans ce livre quelques recettes phares de cet art culinaire.

D'autres plats proposent des mariages savoureux et nutritifs entre le pois chiche, la fève, la lentille, le boulgour et le riz, avec comme invités d'honneur vitaminés l'aubergine, la tomate, le poivron et le concombre. En guise de parures, des assaisonnements simples mais aromatiques tels que l'huile d'olive, les herbes fraîches, le sumac et la mélasse de grenade. La douceur est également au rendez-vous lorsque les papilles rencontrent le fondant du labné, du pain et du tahin. Vient enfin la danse des desserts d'Orient, aux amandes, aux dattes, parfumés d'eau de fleur d'oranger. Vous l'aurez compris, dans la cuisine libanaise, il est avant tout question d'amour, de partage, de mixité et de convivialité. J'espère que ce voyage gourmand à travers ses produits d'épicerie vous donnera encore plus envie de l'explorer.

la Pièce
0,70€
Produit PERSIL
Origine FRANCE

HERATCHIAN FRERES
Depuis 1925

Les Délices d'Orient
Patisserie & Epicerie Libanaise et Orientale

SOMMAIRE

AVANT DE COMMENCER...

Avec quelques produits de base, on peut facilement cuisiner libanais à la maison. Bien entendu, les ingrédients tels que les herbes, les tomates et autres légumes doivent être fraîchement récoltés et de qualité.

Dans mon placard et mon frigo

Mis à part les 10 produits d'épicerie présentés dans ce livre, ayez toujours en stock : des oignons ; de l'ail ; des herbes fraîches comme la coriandre, la menthe, le persil (à cultiver ou à acheter en saison, de mai à octobre, ou à remplacer par des herbes sauvages comme l'ortie ou le pissenlit selon les recettes) ; des aubergines, des concombres, des tomates, des citrons (ou du jus en bouteille) ; des yaourts nature (brebis ou chèvre, plus digestibles) ; des amandes, des pistaches, des pignons de pin ; du cumin entier, du paprika, du poivre de la Jamaïque (dit « quatre-épices », apprécié des Libanais).

La salade libanaise par excellence : le taboulé

Le taboulé libanais servi dans les restaurants n'a rien à voir avec le taboulé industriel vendu dans les supermarchés. Le vrai ne contient pas 90 % de semoule et 10 % de tomates confites, raisins secs et persil en poudre ! C'est en réalité une délicieuse salade de persil, de menthe et d'oignons nouveaux finement hachés, agrémentée de quelques dés de tomate fraîche et d'une petite poignée de boulgour réhydraté. Préparez-la au dernier moment (au maximum 3 heures à l'avance). Servie avec de l'houmous (voir page 14), du moutabal (voir page 16) et autres mezzés, elle apporte une irrésistible vague de fraîcheur et d'acidité dans votre assiette.

Pour 6 personnes : 2 c. à s. de boulgour fin, **3** bottes de persil plat, **1** botte de menthe, **3** oignons nouveaux, **2** tomates mûres, le jus de **2** citrons, **100 ml** d'huile d'olive, **1** pincée de sel

1. Rincez abondamment le boulgour. Laissez-le tremper pendant 30 minutes.
2. Lavez et équeutez le persil et la menthe. Séchez-les bien avec un torchon. Hachez-les finement au couteau chef (pas au mixeur).
3. Lavez et hachez finement les oignons nouveaux.
4. Rincez les tomates, coupez-les en deux, épépinez-les et détaillez-les en petits dés.
5. Disposez tous les ingrédients préparés dans un saladier. Ajoutez le jus de citron, l'huile d'olive et le sel. Mélangez.

Les produits laitiers

Depuis des millénaires, ils font partie de la culture alimentaire libanaise, l'élevage des bovins, caprins et ovins étant profondément inscrit dans la tradition rurale du Pays du Cèdre. Les Libanais les consomment en début de repas ou en mélange dans les recettes. Voici ceux que l'on peut trouver dans les épiceries orientales.

• **L'ashta :** cette crème de lait est surtout utilisée dans les pâtisseries comme les atayefs (voir page 66), l'ashtaliyé (flan crémeux), les znoud el sit (baklavas fourrés à la crème), le knafé bel jebné (entremets parsemé de vermicelles kadaïf mixés), l'osmallié (gâteau de vermicelles fourré à la crème)... On peut la remplacer par du mascarpone.

• **L'akawi :** c'est un fromage frais, pressé, présenté sous forme de bloc blanchâtre, conservé en saumure et servi comme le labné ou dans les salades. Il est conseillé de le rincer et le dessaler pendant 4 heures dans un saladier rempli d'eau froide (en changeant l'eau deux fois). Difficile à trouver, il peut être remplacé par de la mozzarella.

• **Le chanklich :** sa forme de boule et son manteau d'herbes attirent le regard de l'Occidental peu habitué à ce genre de fromages. Réalisé à partir du petit-lait issu du caillage d'autres fromages (comme la ricotta), il est séché au soleil puis affiné à l'ombre.

On le consomme surtout émietté dans une salade de tomates (portant le même nom, chanklich). Remplacez-le par de la feta marinée aux herbes.

• **L'halloumi :** sa texture ressemble à un bloc de mozzarella pressée et pliée en deux, mais à la cuisson, on s'aperçoit clairement de la différence. Le fromage oriental garde étonnamment sa forme carrée, même passé sur le gril ! Originaire de Chypre, il est désormais très populaire au Liban.

• **Le labné :** sa racine étymologique n'est pas sans rappeler celle du Liban, qui vient de « lubnan », signifiant « blanc » ou « lait », en référence au manteau neigeux qui couvre les montagnes du pays en hiver. C'est un fromage frais et crémeux obtenu après égouttage du yaourt (laban). On le consomme au petit déjeuner avec du pain plat et des crudités, ou avec un trait d'huile d'olive lors d'un mezzé. Vous pouvez l'utiliser aussi pour un appareil à cheesecake (en ne le salant pas), car sa texture rappelle celle du *cream cheese* anglais.

Pour 4 à 6 personnes : 750 g de yaourt (de brebis ou de chèvre), **1 c. à c.** rase de sel

1. Fouettez le yaourt et le sel dans un saladier.
2. Disposez-le au centre d'un linge propre.
3. Nouez les bords de façon à former un petit balluchon.
4. Disposez un bâton (tige d'une petite spatule ou baguette chinoise) sous le nœud et laissez-le s'égoutter au-dessus d'un récipient. Placez-le au réfrigérateur pour 24 à 36 heures.
5. Récupérez le fromage obtenu avec une spatule et fouettez-le. Vous pouvez réutiliser le petit-lait écoulé dans une pâte à crêpes par exemple.
6. Gardez-le au frais pendant 2 jours, dans un récipient hermétique.

Le labné peut être égoutté plus longtemps (2 à 3 jours, en changeant le linge une fois entre-temps), pour être façonné en boulettes. Servez-les à l'apéritif, saupoudrées de sumac, de zaatar, de paprika, de cumin, ou conservez-les dans un bocal rempli d'huile d'olive à ras bord.

• D'autres produits laitiers peuvent figurer dans les recettes libanaises, comme l'arishé (sorte de ricotta, pouvant être remplacé par de la brousse ou du brocciu) ou le nabulsi originaire de Palestine (fromage à pâte semi-ferme, de type tome de brebis).

Les navets au vinaigre

Les Libanais les consomment comme des cornichons et par chance, ils se préparent bien plus facilement ! Ils font partie des condiments les plus connus de la « mouné » (nom générique désignant les conserves libanaises).

Pour 1 bocal de 1 l : 500 g de petits navets bien fermes, **1** petite betterave crue, **200 ml** d'eau chaude, **1 c. à c.** de sel, **300 ml** de vinaigre (de vin ou de cidre), **1** branche de sarriette

1. Lavez les navets et épluchez-les. Détaillez-les en petits quartiers ou en bâtonnets.
2. Lavez et pelez la betterave. Coupez-la en dés.
3. Disposez ces légumes dans un bocal lavé à l'eau bien chaude.
4. Versez l'eau, le sel et le vinaigre. Ajoutez la sarriette.
5. Secouez vivement le bocal et laissez mariner à température ambiante pendant 8 à 10 jours avant de consommer. Conservez ensuite au réfrigérateur pendant 1 mois.

LA PURÉE DE SÉSAME

Velouté, onctueux et savoureux, le tahin est un ingrédient qui s'inscrit dans la pure tradition culinaire libanaise.

L'origine du sésame fait partie des mystères qu'historiens et ethnobotanistes tentent encore d'élucider. D'Inde ou d'Afrique de l'Est, une chose est certaine : la petite graine, inconnue à l'état sauvage, est cultivée depuis des millénaires au Moyen-Orient. On sait que les Sumériens (ancêtres des Irakiens) cultivaient le sésame 3 000 ans av. J.-C. La plante, très résistante à la sécheresse, se plaît là où le blé ne peut prospérer et produit une huile facile à extraire et stable. Faute d'espace, le Liban importe aujourd'hui le sésame d'Afrique de l'Est (Soudan, Éthiopie, Nigéria) et d'Inde. Mais il est transformé en purée (tahin) par une dizaine de fabriques artisanales depuis le début du XXe siècle. Après avoir été lavées, les graines sont torréfiées puis broyées sur une meule de pierre afin d'obtenir une purée dense et onctueuse.

L'histoire du tahin est intimement liée à celle de l'houmous, purée fondante de pois chiches (voir page 14). Ces deux recettes font l'objet de querelles historiques quant à leur origine (égyptienne, israélienne, libanaise, palestinienne, syrienne…). Quoi qu'il en soit, elles font partie intégrante de la culture alimentaire du Levant depuis des siècles. On a retrouvé une preuve d'utilisation combinée de la purée de sésame et de l'houmous dans un ancien livre de cuisine arabe, *le Kitab Wasf al-Atima al-Mutada*, écrit au Caire en 1373.

On utilise également le tahin dans les sauces tarator (voir page 20) et bakdouness (au persil), le caviar d'aubergines (moutabal, voir page 16), la purée de betteraves au yaourt (moutabal shawandar), les plats de poisson comme le samke harra (bar, dorade ou mulet épicé) ou le sayadiyé (mérou ou vivaneau au riz). Côté sucré, il enrichit la moufataka, sorte de crème de riz au lait parfumée au curcuma, et l'halva (confiserie aux pistaches). Dans certaines pâtisseries, il remplace le beurre. Ajoutez-le également dans une vinaigrette, une béchamel, une mousseline de carottes ou une soupe pour les rendre plus crémeuses. On peut le déguster sur des tranches de pain, avec du miel ou de la mélasse de grenade (voir page 55).

Vous trouverez deux sortes de tahin dans les épiceries bio, composé à 100 % de sésame blanc ou à 50 % seulement, avec l'autre moitié de sésame complet. Le dépôt d'huile formé à la surface est tout à fait normal. Il suffit de bien mélanger le contenu du pot pour l'homogénéiser. Conservez-le à température ambiante afin de pouvoir le travailler plus facilement. Il se garde sans problème plusieurs mois. Les personnes intolérantes au sésame peuvent le remplacer par de la purée d'amande ou de cajou.

HOUMOUS

Hummus **Avec le taboulé, c'est le plat emblématique du Liban ! Cette purée de pois chiches, d'une infinie douceur, est un délice qui fond sous la langue. Il existe plusieurs astuces pour le réussir. Tout d'abord, il faut cuire les pois chiches avec du bicarbonate de soude, pour accélérer la cuisson et faciliter la digestion. L'ail, bien dosé, doit juste servir d'exhausteur de goût, sans pour autant prendre le dessus. Le citron apporte des notes fringantes qui viennent titiller les papilles, mais là aussi, il doit se faire discret. Rappelons-le, la star de ce mezzé, c'est le pois chiche ! Enfin, un bon tamisage de la purée obtenue et un assaisonnement équilibré permettent d'obtenir un houmous soyeux et savoureux. Il se consomme avec du pain plat, mais peut également être un excellent substitut de la mayonnaise, dans les sandwichs par exemple.**

PRÉPARATION	CONSERVATION
1h15	3 JOURS
CUISSON	**REPOS**
45 MIN	8h

POUR 4

Salade

250 g de pois chiches secs, **1 c. à c.** rase de bicarbonate de soude, **100 g** de purée de sésame, **2** grosses gousses d'ail pelées et râpées, **80 ml** de jus de citron, **1 c. à c.** de sel gris, **50 ml** d'huile d'olive, paprika

1. Faites tremper les pois chiches secs dans un grand saladier rempli d'eau froide pendant 8 heures.

2. Le lendemain, rincez-les abondamment. Portez une grande marmite d'eau à ébullition, avec le bicarbonate de soude.

3. Plongez-y les pois chiches. Laissez cuire à couvert pendant 45 minutes, jusqu'à ce qu'ils deviennent très fondants. Goûtez et poursuivez la cuisson si nécessaire.

4. Mixez-les avec la purée de sésame, l'ail, le jus de citron et le sel. Raclez les bords du récipient de temps en temps pour rendre le mélange homogène et ajoutez progressivement un peu d'huile d'olive. Vous devez obtenir un houmous très crémeux, comme une mayonnaise.

5. Pour une texture plus fondante, filtrez l'houmous à l'aide d'un tamis fin et d'une spatule.

6. Goûtez-le et rectifiez l'assaisonnement si nécessaire. Versez-le dans 2 bols et stockez au réfrigérateur.

7. Au dernier moment, arrosez l'houmous d'huile d'olive et saupoudrez de paprika.

À savoir : certains puristes ne passent pas l'houmous au tamis ; ils retirent une à une les peaux de pois chiche avant de le mixer ! Il existe aussi la version sans ajout d'huile d'olive.

ROULÉS AU CAVIAR D'AUBERGINES

Mtabal ma coussa **Le moutabal, caviar d'aubergines libanais, est l'un des mezzés les plus réputés. Après avoir grillé des aubergines entières (au feu de bois ou au four), on les pèle pour en récupérer la chair. La carapace formée par la peau brûlée assure une cuisson vapeur qui préserve le goût typique du légume. Il est ensuite écrasé à la fourchette avec de la purée de sésame, de l'ail et du citron. Traditionnellement dégusté avec du pain plat, il entre ici dans la composition de roulés de courgettes. C'est une petite entrée très fraîche, à réserver pour les chaudes soirées d'été.**

PRÉPARATION 1h

CONSERVATION 2 JOURS

CUISSON 20MIN

REPOS 20 MIN

POUR 4

1 kg d'aubergines,
4 petites courgettes bien calibrées,
2 c. à s. de purée de sésame,
le jus de **1** citron,
2 gousses d'ail hachées, sel,
graines de sésame toastées

1. Préchauffez le four à 220 °C (th. 7-8). Retirez le pédoncule des aubergines. Transpercez-les de part et d'autre avec une fourchette.

2. Quand le four est bien chaud, disposez les aubergines sur une grande plaque et laissez cuire pendant 20 minutes, jusqu'à ce que la peau soit bien grillée. Retournez-les à mi-cuisson.

3. Pendant ce temps, lavez les courgettes. Retirez leur pédoncule. Prélevez des tranches de 4 à 5 mm d'épaisseur dans le sens de la longueur, à l'aide d'une mandoline.

4. Portez à ébullition une grande casserole d'eau salée et plongez-y les rubans de courgettes pour une vingtaine de secondes.

5. Rafraîchissez-les dans un bain d'eau froide, puis posez-les délicatement sur un linge.

6. Sortez les aubergines du four. Patientez un peu avant de retirer la peau brûlée. Écrasez la chair à la fourchette dans une grande assiette (le mixeur est déconseillé).

7. Disposez-la dans un bol, avec la purée de sésame, le jus de citron et l'ail. Fouettez pour rendre l'ensemble bien crémeux. Salez à votre convenance. Laissez refroidir avant de placer le moutabal au réfrigérateur pour 30 minutes.

8. Tartinez chaque ruban de courgette de caviar d'aubergines. Roulez-le sur lui-même et faites tenir le rouleau obtenu avec une pique.

9. Disposez les roulés dans un plat et parsemez de graines de sésame.

À savoir : vous pouvez très bien inverser la recette en réalisant un moutabal de courgettes et des tranches d'aubergines (grillées, c'est meilleur).

LES LÉGUMINEUSES LIBANAISES

Que serait la cuisine libanaise sans ces trésors gustatifs et nutritionnels ? Pois chiches, fèves et lentilles sont les ingrédients de base des plats les plus emblématiques du pays.

Souvent associées à des céréales telles que le boulgour (voir page 35), ces légumineuses donnent durablement de l'énergie et forment un *combo* protéiné végétal de choc.

Le pois chiche est la légumineuse méditerranéenne par excellence, son berceau originel étant situé en Turquie, en Arménie et en Syrie. L'houmous, fine purée de pois chiches enrichie au tahin (voir page 14), au citron, à l'ail et à l'huile d'olive, est certainement l'un des plus fameux plats des mezzés libanais. Au petit déjeuner, le pois chiche est dégusté encore chaud (balila), avec du pain plat et des crudités. Il s'invite dans la typique salade safsouf (avec du boulgour, du persil et de la menthe, comme le taboulé dont elle serait l'ancêtre), le fatté (composé de couches de pois chiches tièdes, de pain grillé, de yaourt et de pignons de pin, voir page 22), la maghmour (moussaka végétarienne libanaise dans laquelle les pois chiches remplacent le mouton haché de la version grecque), sans oublier le couscous libanais (voir page 8). La communauté arménienne confectionne aussi des petits pains de pois chiche fourrés aux raisins secs, oignons et pignons de pin (topig).

Pour bien cuire les pois chiches, faites-les tremper la veille dans de l'eau froide. Le jour même, portez une grande casserole d'eau à ébullition, puis ajoutez du bicarbonate de soude (1 pincée pour 200 g de pois chiches) et surtout pas de sel. Faites cuire à couvert et à feu modéré pendant 30 minutes (ou à découvert et à feu doux pendant 40 minutes pour les laisser entiers). Goûtez pour vérifier la cuisson.

Les célèbres falafels (voir page 20) combinent pois chiches et fèves. Ces dernières sont disponibles dans les épiceries orientales sous deux formes : décortiquées, sans la peau (chair jaune), et entières, avec la peau (rosée). Faites-les tremper et cuire comme les pois chiches. Cuisinées entières et mêlées à du citron et de l'huile d'olive, elles forment une salade appréciée au petit déjeuner, la foul moudamas.

Les lentilles, également originaires du Moyen-Orient, trouvent une large place dans la cuisine libanaise. La lentille blonde (grosse, plate et claire) est la variété communément utilisée, notamment dans les soupes paysannes telles que l'adass bi hamoud (pommes de terre, blettes, coriandre et citron) ou la rechta (à base de nouilles).

La lentille verte, plus ferme et aromatique, est particulièrement adaptée aux ragoûts de type moujadara (complété avec du riz ou du boulgour). Comptez environ 20 minutes de cuisson.

À noter que les traditionnelles variétés de haricots demi-secs et de pois cassés sont utilisées dans les recettes de soupes ou de ragoûts de légumineuses.

BEIGNETS POIS CHICHES ET FÈVES

Falafels **Que serait le mezzé libanais sans falafels ? Dénaturé, incomplet ! Si la pâte de ces beignets n'est pas trop compliquée à préparer, leur cuisson en embête plus d'un. Pour les réussir, n'ajoutez pas d'eau à la pâte et utilisez un petit moule très pratique que l'on déniche dans les épiceries orientales (merci Estérelle !). Chaque falafel, en forme de palet, sera parfaitement calibré et se mangera en deux bouchées ou se glissera dans du pain libanais, avec des crudités et de la sauce tarator.**

PRÉPARATION	CONSERVATION
1 h 45	3 JOURS
CUISSON	**REPOS**
30 MIN	12 heures

POUR 6

Pâte
200 g de fèves séchées sans la peau, **100 g** de pois chiches, **½** bouquet de coriandre, **½** bouquet de persil plat, **1** gros oignon, **3** gousses d'ail, **1 c. à c.** de sel, **1 c. à c.** rase de bicarbonate de soude

Épices à falafels
2 c. à s. de cumin, **1 c. à s.** de graines de coriandre, **10** grains de poivre noir de la Jamaïque, **1 c. à s.** de paprika, **½ c. à c.** de cannelle en poudre, **½ c. à c.** de piment en poudre, **1** pincée de muscade en poudre, huile de friture

Sauce tarator
100 g de purée de sésame, **30 ml** de jus de citron, **30 ml** d'eau, **1** gousse d'ail râpée, **1** pincée de sel

1. La veille, faites tremper les fèves et les pois chiches dans un grand saladier rempli d'eau froide.

2. Le jour même, rincez-les abondamment jusqu'à ce que l'eau soit claire.

3. Équeutez la coriandre et le persil. Lavez et essorez les feuilles. Pelez l'oignon et l'ail, puis coupez-les en rondelles.

4. Préparez le mélange d'épices à falafels. Faites revenir à sec dans une poêle le cumin, la coriandre et le poivre. Laissez refroidir et broyez finement dans un mortier, avec le reste des épices.

5. Mixez finement tous les ingrédients préparés, avec le sel et le bicarbonate de soude.

6. Faites chauffer un bain d'huile de friture. Testez la cuisson en y plongeant un morceau de pâte.

7. Si vous avez un moule à falafels, tirez avec votre index le piston, ajoutez un peu de pâte dans l'empreinte, lissez la surface avec une spatule, puis relâchez le piston au-dessus de l'huile chaude et laissez le falafel tomber délicatement. Comptez 4 à 5 falafels par tournée et 4 à 5 minutes de cuisson. Déposez les falafels cuits sur un plat couvert de papier absorbant. Si vous n'avez pas de moule, confectionnez des boulettes de la taille d'une clémentine et appuyez légèrement dessus pour leur donner la forme d'un palet. Huilez vos mains au besoin.

8. Préparez la sauce tarator en fouettant tous les ingrédients dans un bol.

9. Servez les falafels avec cette sauce, disposée à côté.

À savoir : le mélange d'épices, utilisé dans tout le Moyen-Orient, s'appelle également « sept-épices » ou « baharat ». On le trouve tout prêt en épicerie. Vous pouvez congeler sans problème les falafels cuits.

POIS CHICHES, YAOURT ET PAIN GRILLÉ

Fatteh bi hummus **C'est un plat simplissime, mais délicieux ! On en mangerait presque au petit déjeuner, comme les Libanais. Les ingrédients, pois chiches tièdes, yaourt à l'ail et pain grillé, sont empilés les uns sur les autres, puis agrémentés de pignons de pin torréfiés. Nul doute que vous succomberez à la douceur de ce fatté mêlant textures fondantes et croustillantes.**

PRÉPARATION	REPOS
30 MIN	12 heures
CUISSON	**POUR**
50 MIN	4

INGRÉDIENTS

100 g de pois chiches, **1** pincée de bicarbonate de soude, **3** yaourts à la grecque ou de brebis, **2** gousses d'ail râpées, **1 c. à c.** de sel, **3** pains libanais, **30 g** de pignons de pin, poivre noir fraîchement moulu

1. La veille, faites tremper les pois chiches.

2. Le jour même, rincez-les bien. Faites-les cuire avec le bicarbonate de soude, à feu très doux, pendant 45 minutes. Ils doivent être fondants mais entiers.

3. Préchauffez le four à 200 °C (th. 6-7). Égouttez les pois chiches et couvrez-les pour qu'ils restent chauds.

4. Dans un bol, fouettez les yaourts avec l'ail et le sel.

5. Coupez les pains en triangles et faites-les griller au four.

6. Pendant ce temps, torréfiez les pignons de pin à sec dans une poêle.

7. Dans un grand plat, alternez des couches de pois chiches, de yaourt et de morceaux de pain grillés.

8. Parsemez de pignons de pin torréfiés, poivrez et servez sans attendre.

GÂTEAU D'AUBERGINES AUX LENTILLES

Maklouba **La maklouba aux aubergines est un beau plat de fête souvent cuisiné au Liban, mais aussi en Syrie, en Palestine et en Jordanie. La farce traditionnellement composée d'agneau haché est remplacée ici par un mélange très aromatique de lentilles blondes, de champignons et de concentré de tomate. Avec ses différentes couches de riz, d'aubergines confites et de fruits secs multicolores, ce gâteau-repas se dévore aussi bien des yeux qu'avec le ventre !**

PRÉPARATION	CONSERVATION
1 h 15	4 JOURS
CUISSON	**REPOS**
1 h 30	30 minutes

POUR 8

1,2 kg d'aubergines,
2 c. à c. de sel, **500 g** de riz,
60 ml d'huile d'olive, **200 g** de lentilles blondes (ou vertes),
2 oignons rouges, **6** gousses d'ail, **250 g** de champignons de Paris frais (ou de champignons des bois), **200 g** de concentré de tomate, **1 c. à s.** de paprika fumé,
50 g d'amandes, **30 g** de pistaches, **30 g** de pignons de pin

1. Découpez les aubergines dans la longueur, en tranches de 1 cm d'épaisseur. Ajoutez sur leur surface 1 cuillerée à café de sel, placez-les dans une grande passoire, posez une assiette et un poids dessus, puis laissez-les dégorger pendant 30 minutes.

2. Rincez abondamment le riz et faites-le cuire dans une grande casserole remplie d'eau bouillante salée (ou au *rice cooker*). Égouttez, ajoutez 3 cuillerées à soupe d'huile d'olive et mélangez. Réservez.

3. Rincez les lentilles et faites-les cuire 25 minutes dans une casserole remplie d'eau bouillante (non salée).

4. Pendant ce temps, pelez les oignons et l'ail. Mixez-les. Retirez le pied terreux des champignons et essuyez-les avec un torchon humide. Coupez-les en deux, puis mixez-les.

5. Égouttez les lentilles et mettez-les dans un saladier. Ajoutez les oignons, l'ail, les champignons mixés, le concentré de tomate, le paprika fumé et 1 cuillerée à café de sel. Mélangez en écrasant un peu.

6. Préchauffez le four à 220 °C (th. 7-8). Épongez les tranches d'aubergines avec un torchon. Disposez-les sur 2 plaques. Badigeonnez-les au pinceau avec le reste de l'huile d'olive. Enfournez pour 20 à 25 minutes.

7. Sortez les aubergines et baissez la température du four à 180 °C (th. 6). Dans un moule à bords hauts, disposez 5 ou 6 tranches d'aubergines grillées dans le fond, en partant du centre de façon à former une étoile. Ajoutez la moitié du riz, une couche d'aubergines, la totalité de la farce aux lentilles, une couche d'aubergines et le reste du riz. À chaque étape, tassez bien la surface avec une spatule souple.

8. Enfournez pour 30 minutes, puis passez sous le gril, jusqu'à ce que le riz devienne doré. Laissez tiédir avant de démouler sur un plat de service.

9. Torréfiez à la poêle les amandes, les pistaches et les pignons (en les ajoutant au dernier moment pour éviter qu'ils ne brûlent). Disposez-les sur le gâteau d'aubergines. Servez avec du yaourt fouetté et des dés de concombre noa.

RAGOÛT DE LENTILLES

Moudardara **C'est un excellent plat paysan aussi bien consommé par les campagnards que par les citadins, car il est nutritif, facile et rapide à préparer. Contrairement à sa cousine la moujadara, réalisée avec des lentilles réduites en purée, la moudardara est composée de lentilles entières. Selon les régions, notamment à Bcharré (dans le Nord du Liban), elles sont remplacées par des haricots rouges. Ce qui ne change pas, c'est l'association avec une céréale, tantôt du riz, tantôt du boulgour, et la présence d'oignons caramélisés à point qui teintent joliment ce plat réconfortant.**

PRÉPARATION	CONSERVATION
30 MIN	3 JOURS
CUISSON	**POUR**
40 MIN	6

INGRÉDIENTS

200 g de lentilles vertes,
350 g d'oignons jaunes,
60 ml d'huile d'olive,
1 c. à c. de sel,
100 g de boulgour gros

1. Rincez les lentilles. Disposez-les dans une cocotte, avec 1 l d'eau, et portez à ébullition sur feu moyen. Laissez mijoter à découvert pendant 25 minutes, jusqu'à ce que les lentilles soient cuites mais encore fermes.

2. Pendant ce temps, pelez et émincez les oignons. Versez l'huile d'olive dans une grande poêle et ajoutez les oignons. Faites-les cuire à feu moyen jusqu'à ce qu'ils deviennent marron (pas trop bruns, ils donneraient un goût de brûlé au plat).

3. Ajoutez le sel et 250 ml d'eau. Laissez mijoter 5 minutes, puis versez ce bouillon concentré sur les lentilles.

4. Rincez le boulgour, puis ajoutez-le aux lentilles.

5. Laissez cuire pendant une dizaine de minutes. Goûtez pour vérifier la cuisson du boulgour et l'assaisonnement.

6. Servez bien chaud, avec du pain et du sumac (voir page 29).

LE SUMAC ET LE ZAATAR

Ces ingrédients, classés dans les épices, portent tous deux des noms à la sonorité sifflante... Un indice linguistique qui vient souligner leur saveur caractéristique : l'acidité !

Le sumac est au Liban ce que la mangue verte est à l'Inde ou l'épine-vinette à l'Iran : l'aromate acidulé par excellence. Son nom désigne l'arbuste qui produit les graines aromatiques et la poudre bordeaux qui en résulte (écorce et feuilles ne servent qu'au tannage et à la coloration du cuir). C'est le sumac des corroyeurs ou commun (*Rhus coriaria*) que l'on utilise au Pays du Cèdre. Il prospère à l'état sauvage sur le pourtour méditerranéen, y compris en France. Les autres espèces de sumacs sont toxiques, à l'exception de *Rhus aromatica*, *Rhus glabra* et *Rhus typhina*, traditionnellement utilisées à des fins médicinales par les Amérindiens (et parfois présentes dans nos jardins).

Au Liban, les grappes coniques du sumac commun sont cueillies en septembre, avant la saison des pluies, et déshydratées au soleil pendant 2 semaines, voire plus. On les dispose ensuite dans des sacs en toile que l'on bat pour les réduire en poudre. Celle-ci est tamisée finement afin d'ôter les tiges et les pépins résiduels. Le sumac assaisonne la salade fattouche (voir page 50), mais aussi les œufs au plat (beid bi sumac), les poissons grillés ou les cailles rôties. Il entre dans la composition de marinades de viandes, comme celle du poulet chich taouk, et dans les rissoles aux épinards (fatayer, voir page 32). Dans une poêlée de pommes de terre ou de riz, une tartinade de légumes ou une panure, il fait des merveilles. Dans les épiceries, on le trouve généralement en poudre, mais aussi entier. Auquel cas, broyez les baies, faites-les tremper dans un bol d'eau tiède puis tamisez le jus obtenu en vue de l'ajouter dans une marinade. Optez cependant pour la version en poudre, plus pratique.

Le sumac est présent dans le zaatar, mélange aromatique libanais composé de graines de sésame grillées et de thym local (*Origanum syriacum*, désigné également sous le nom générique de « zaatar »). Ce dernier symbolise le goût affirmé des Libanais pour les herbes aromatiques. Récolté à la main et durant la floraison, il offre une saveur plus délicate que ramassé au stade de feuillaison. Avant le repas, les Libanais mélangent le zaatar avec de l'huile d'olive et y trempent des morceaux de pain. Il se parsème aussi sur une pâte levée de type pâte à pizzas appelée man'ouché (voir page 30), sur les poêlées de légumes, s'incorpore à une pâte à biscuits salés ou au labné (fromage). On trouve du zaatar de qualité (voir page 72), mais à défaut, faites le vôtre de la façon suivante : mélangez 30 g de sumac avec 30 g de sésame grillé, 50 g de thym séché (ou mélangé avec de la marjolaine) et 1 cuillerée à café de sel.

PIZZA LIBANAISE AU ZAATAR

Man'ouché bi zaatar **La man'ouché, disque de pâte levée agrémenté d'ingrédients savoureux, fait partie des basiques du petit déjeuner libanais. Plus que cela, cet en-cas est devenu une institution au Pays du Cèdre, l'emblème de sa cuisine de rue. Si la version de base au zaatar et à l'huile d'olive est la plus authentique, la man'ouché est désormais déclinée de mille façons : servie avec des olives, du concombre et des tomates (extra), avec du yaourt égoutté (labné), du fromage fondu (man'ouché jebné, à base d'akawi), de la viande hachée et des œufs (man'ouché bi beid w awarma). La version épaisse est cuite au four, la version fine sur un saj (dôme de cuisson utilisé pour faire le pain plat, voir page 49).**

PRÉPARATION 30 MIN

CONSERVATION 3 JOURS

CUISSON 5 à 7 MIN

REPOS 2h

POUR 4

Pâte

2 c. à c. de levure de boulanger déshydratée,
130 ml d'eau tiède,
280 g de farine de blé T55,
1 c. à c. de sel,
1 c. à c. de sucre,
2 c. à s. d'huile d'olive

Garniture

50 g de zaatar,
60 ml d'huile d'olive

1. Diluez la levure et l'eau tiède dans un grand saladier. Ajoutez 50 g de farine et mélangez. Couvrez et laissez fermenter dans une pièce chaude pendant 30 minutes.

2. Mélangez le reste de la farine, le sel et le sucre dans un saladier. Faites un puits, ajoutez le mélange à la levure et l'huile d'olive. Pétrissez jusqu'à la formation d'une pâte souple et élastique. Ajoutez un peu d'eau si le mélange vous semble trop sec, mais pas de farine. Couvrez et laissez lever dans une pièce chaude pendant 1 h 30. Vous pouvez réaliser les étapes 1 et 2 à la machine à pain si vous le souhaitez. La pâte est prête quand elle a doublé de volume.

3. Préchauffez le four à 250 °C (th. 8-9) ou à la température la plus chaude (dans ce cas, passez le four en mode gril une fois les man'ouché enfournées). Divisez la pâte en 4 portions. Formez des boules et étalez-les sur 2 plaques.

4. Mélangez dans un bol le zaatar et l'huile d'olive. Nappez-en la surface des man'ouché et enfournez pour 5 à 7 minutes. Intervertissez les plaques à mi-cuisson.

À savoir : le mélange d'épices, utilisé dans tout le Moyen-Orient, s'appelle également « sept-épices » ou « baharat ». On le trouve tout prêt en épicerie. Vous pouvez congeler sans problème les falafels cuits.

CHAUSSONS AUX PISSENLITS ET AU SUMAC

Fatayers **Tandis que je m'apprêtais à préparer ces fatayers, je me suis aperçue qu'il n'y avait plus assez d'épinards dans le potager. Qu'à cela ne tienne, je les ai remplacés par des feuilles de pissenlits ! L'entorse à la règle n'est pas du tout dérangeante, puisque les Libanais sont friands de cette plante. L'avantage, c'est qu'elle se reconnaît et se trouve très facilement. Associée au sumac et blottie dans un petit chausson de pâte, la sauvageonne aux notes amères apporte une vague de fraîcheur parmi les autres mezzés.**

PRÉPARATION 1h30

CONSERVATION 3 JOURS

CUISSON 30 MIN

REPOS 2h

POUR 10 CHAUSSONS

Pâte

250 g de farine de blé T55,
1 c. à c. de sel,
150 ml d'eau tiède,
1 c. à c. de levure de boulanger,
3 c. à s. d'huile d'olive

Garniture

500 g de feuilles de pissenlits,
1 gros oignon rouge finement haché,
50 g de pignons de pin,
1 c. à c. rase de sel,
1 c. à s. bombée de sumac, huile d'olive

1. Mélangez la farine et le sel dans un saladier.

2. Mélangez l'eau et la levure dans un bol, puis versez ce mélange sur la farine.

3. Pétrissez un peu, versez l'huile d'olive et continuez de travailler la pâte jusqu'à ce qu'elle soit souple, élastique et homogène.

4. Mettez-la dans le saladier, farinez et filmez. Laissez reposer pendant 2 heures.

5. Lavez soigneusement les feuilles de pissenlits. Essorez-les, puis hachez-les au couteau, le plus finement possible.

6. Mélangez les pissenlits, l'oignon rouge, les pignons de pin, le sel et le sumac.

7. Préchauffez le four à 190 °C (th. 6-7). Divisez la pâte en 10 petites boules. Étalez chacune d'elles avec un rouleau à pâtisserie de façon à obtenir un disque de 2 à 3 mm d'épaisseur.

8. Placez au centre 2 cuillerées à soupe de farce. Formez un cône, tenu dans le creux de votre main. Ajoutez une autre cuillerée de farce en bourrant délicatement. Rabattez le bord non soudé par-dessus et pincez bien les extrémités pour que l'ensemble tienne correctement.

9. Placez les fatayers sur une plaque préalablement huilée et enfournez pour 30 minutes.

LE BOULGOUR ET AUTRES CÉRÉALES LIBANAISES

Autrefois surnommé le « grenier à blé de l'Empire romain », le Liban reste un grand consommateur de cette céréale, le plus souvent transformée en boulgour.

Aujourd'hui, le pays ne produit pas assez de blé pour répondre aux besoins de sa population. Mais dans la plaine de la Bekaa, la production de blé salamouni permet encore de nourrir les paysans et de fournir quelques commerces urbains. Le boulgour est du blé précuit à la vapeur, séché au soleil, concassé et débarrassé du son. Pour le calibrer, on le passe à travers différents tamis : il peut être gros (khichin), fin ou très fin. C'est l'ingrédient incontournable du taboulé et des kebbés. Ces derniers sont un mélange de boulgour fin et de viande, de poisson ou de légumes hachés, pétri et façonné en boulettes, en fuseaux ou en puits, souvent farcis. Ils peuvent être à l'agneau cuit ou cru (kebbé nayé), à la pomme de terre (kebbé batata), aux œufs (kebbé bi beid, voir page 38), aux lentilles (kebbé adass) et sont souvent servis avec une sauce au yaourt. Toujours avec du boulgour fin, on prépare la kammounieh, terrine de tomates aux épices, et des mallet smid, galettes de farine complète au sésame. Associé aux légumineuses, le boulgour forme un duo protéiné savoureux, comme dans le makhlouta (soupe paysanne) ou la moudardara (voir page 26). Optez pour du boulgour gros dans ces recettes de type ragoût et variez le type de céréales : épeautre, orge ou riz (utilisé dans le meghli, gruau sucré épicé). Avant de le cuisiner, rincez-le bien et faites-le tremper.

On confectionne en zone rurale une préparation poudreuse de blé concassé et de lait fermentés et séchés : le kichk (s'ajoute dans des plats paysans, non disponible dans les épiceries). Le blé, simplement mondé, est apprécié dans la hrissé (ragoût épicé au poulet et à l'agneau), le snayniyé (porridge sucré aux fruits secs et à la grenade). Cueilli vert en mai, séché au soleil puis fumé au feu de paille, il s'appelle friké. On en fait une soupe épaisse (chorba friké), un accompagnement du poisson, ou on en farcit des légumes (voir page 40).

La céréale se consomme aussi en semoule : extra-fine (firkha), elle est utilisée dans les pâtisseries comme les namouras (voir page 64) et les maakarouns ; fine (smid ou smed), on la trouve aussi dans les desserts comme la smidiyé (semoule au lait), ou en mélange avec la firkha pour les maamouls (voir page 70) ; grosse (moghrabié), elle est utilisée dans le couscous libanais (à base d'agneau).

Quant au riz « variété égyptienne », il s'invite dans les feuilles de vigne (voir page 36), les plats de viande et de poisson (siyadiyé), ou avec des légumineuses (moudardara). Côté sucré, on le cuisine avec du lait ou du tahin (moufataka).

FEUILLES DE VIGNE AU RIZ ET ORTIES

Warak enab **Ces petits roulés originaires de Turquie font partie des basiques du mezzé libanais. La farce au riz est normalement enrichie de persil plat, herbe fétiche des Libanais. Si comme moi, vous habitez à la campagne, essayez de le remplacer par de l'ortie. Cette piquante sauvageonne est toujours là pour nous dépanner quand le persil fait défaut ! Libre à vous de mélanger ces deux plantes ou de les remplacer par d'autres herbes sauvages comme le pissenlit (dont les Libanais raffolent) ou le plantain (à la saveur de champignon).**

PRÉPARATION 1 h 45

CONSERVATION 4 JOURS

CUISSON 35 MIN

POUR 25 FEUILLES DE VIGNE FARCIES

INGRÉDIENTS

1 tomate, **1** oignon rouge, **½** botte de menthe, **50 g** de feuilles d'orties (jeunes pousses ou les 4 premières feuilles situées à la sommité de la plante), **130 g** de riz rond, **80 ml** de jus de citron, **50 ml** d'huile d'olive, **1 c. à c.** rase de sel, une quarantaine de feuilles de vigne (vert tendre), **2** pommes de terre à chair ferme

À savoir : vous pouvez remplacer les feuilles de vigne par des feuilles de blettes ou de chou vert (à ébouillanter également). Quant aux pommes de terre, vous pouvez les transformer en salade ou les utiliser pour une soupe froide (tomate, courgette…).

1. Lavez la tomate et détaillez-la en petits dés. Pelez et hachez finement l'oignon.

2. Équeutez, rincez et hachez les feuilles de menthe.

3. Munissez-vous de gants imperméables et lavez abondamment les feuilles d'orties. Égouttez-les, séchez-les, puis hachez-les au couteau.

4. Dans un saladier, mélangez la tomate, l'oignon, la menthe, les orties, le riz, le jus de citron, l'huile d'olive et le sel.

5. Lavez et ébouillantez pendant une dizaine de secondes les feuilles de vigne. Posez-les sur un grand torchon.

6. Épluchez et rincez les pommes de terre. Détaillez-les en rondelles de 1 cm d'épaisseur et disposez-les au fond d'une grande casserole.

7. Égouttez la farce avec un tamis au-dessus d'un saladier pour récupérer le jus.

8. Disposez 1 cuillerée à café de farce au riz au milieu d'une feuille de vigne. Rabattez les bords de gauche et de droite dessus, puis la partie supérieure. Roulez la feuille de façon à former un petit rouleau. Procédez de la même façon avec le reste des feuilles. Si certaines sont trop divisées, dédoublez-les ou comblez les trous avec des morceaux de feuilles.

9. Disposez-les dans la casserole, au-dessus des pommes de terre, en les serrant bien. Comblez les vides avec des feuilles de vigne.

10. Posez une assiette plate dessus et un poids (pour éviter que les roulés ne flottent).

11. Versez dessus le jus de la farce au riz et ajoutez de l'eau à niveau. Laissez cuire à feu doux et à couvert pendant 35 à 40 minutes.

12. Égouttez et laissez refroidir avant de placer les roulés au réfrigérateur.

KEBBÉS À L'ŒUF ET AU POTIMARRON

Kebbé bi beid **Le kebbé est un nom générique pour désigner une gamme de recettes à base de boulgour fin mélangé avec un ingrédient haché. Même s'il est considéré comme un plat national, c'est surtout dans le Nord du Liban et dans les montagnes qu'il est apprécié. Les formes sont variées (en boulettes, en triangles, en fuseaux…), de même que le type de cuisson (à l'eau, au four, frit à l'huile ou sur le gril). Je vous propose ici une version végétarienne inédite du kébbé aux œufs, à base de potimarron. Pour la couleur et la fraîcheur, restons dans la tradition en ajoutant des graines de grenade, de la coriandre ciselée et du yaourt.**

PRÉPARATION 1 h 15

CONSERVATION 3 JOURS

CUISSON 35 MIN

POUR 6

INGRÉDIENTS

100 g de boulgour fin, **6** œufs, **500 g** de potimarron, **1** oignon, **4** gousses d'ail, **30 g** de noix, **2 c. à s.** de sumac, **1 c. à s.** de cumin, **1 c. à c.** de sel, **50 g** de farine de blé, les graines de **1** grenade, **½** bouquet de coriandre lavé et ciselé, **3** yaourts à la grecque ou de brebis battus

1. Rincez le boulgour et faites-le tremper dans un saladier rempli d'eau froide.

2. Faites cuire les œufs dans une casserole remplie d'eau bouillante pendant 10 minutes. Plongez-les dans un bain d'eau bien froide, puis retirez leur coquille. Laissez-les sécher sur un linge.

3. Coupez le potimarron en gros cubes et faites-le cuire 15 minutes dans une casserole remplie d'eau bouillante. Égouttez-le.

4. Pelez l'oignon et l'ail. Mixez-les avec les noix, puis avec le potimarron, le sumac, le cumin et le sel.

5. Égouttez le boulgour et pressez-le bien pour retirer un maximum d'eau. Mettez-le dans un saladier, avec la purée de potimarron et la farine de blé. Pétrissez jusqu'à obtention d'un mélange homogène.

6. Portez une grande casserole d'eau à ébullition. Pendant ce temps, façonnez une boulette de la taille d'une mandarine, puis aplatissez-la sur toute votre paume (6 à 7 mm d'épaisseur). Posez 1 œuf dur au centre, puis creusez votre main de façon à envelopper ce dernier de pâte. Roulez l'ensemble entre vos mains pour lui donner une forme ovoïde. Faites de même avec les autres œufs durs.

7. Quand l'eau bout, plongez-y doucement les kébbés. Laissez cuire à feu très doux pendant 10 minutes. Ils sont prêts quand ils remontent un peu à la surface. Laissez-les refroidir sur un linge.

8. Coupez les kébbés en quatre, décorez-les de graines de grenade et de coriandre, puis servez avec le yaourt.

LÉGUMES FARCIS AU BLÉ VERT FUMÉ

Friké **Traditionnellement, la friké, blé vert fumé, est cuisinée en soupe, ragoût ou autres recettes humides. Pour changer, j'ai voulu la cuisiner autrement, en l'associant au labné et aux épices, et en farcissant des légumes d'été du mélange obtenu. Il en résulte un plat étonnant, à réserver aux amateurs d'arômes complexes.**

PRÉPARATION	CONSERVATION
45 MIN	3 JOURS
CUISSON	**POUR**
1h15	4

INGRÉDIENTS

2 oignons rouges,
3 c. à s. d'huile d'olive,
3 gousses d'ail,
250 g de blé vert fumé,
1 c. à s. de sept-épices (voir page 20),
100 g de labné (voir page 11, ou de fromage de chèvre crémeux),
2 tomates, **2** courgettes,
2 petites aubergines, zaatar

1. Épluchez et hachez les oignons rouges. Faites-les revenir dans une cocotte, avec l'huile d'olive, jusqu'à ce qu'ils soient bien dorés.

2. Pelez et râpez finement les gousses d'ail. Ajoutez-les aux oignons, ainsi que le blé vert fumé et le sept-épices. Mélangez, laissez cuire pendant 2 minutes, puis versez 600 ml d'eau.

3. Laissez mijoter jusqu'à ce que le jus de cuisson soit parfaitement absorbé.

4. Ajoutez les boulettes de labné et mélangez bien pour les faire fondre.

5. Préchauffez le four à 180 °C (th. 6). Lavez les légumes, coupez-les en deux et creusez-les.

6. Concassez la pulpe des légumes au couteau et disposez-la au fond d'un grand plat à gratin.

7. Farcissez les légumes avec le blé vert. Parsemez de zaatar.

8. Versez un peu d'eau au fond du plat, nappez les légumes farcis d'huile d'olive, couvrez et enfournez. Au bout de 1 heure, enlevez le couvercle et laissez cuire 15 minutes supplémentaires. Arrosez de jus toutes les 5 minutes.

LA PÂTE FILO

Elle est si fine, si croustillante ! À nous les beaux feuilletés libanais, qu'ils soient salés ou sucrés...

L'origine de la pâte filo (appelée aussi *phyllo*) reste à ce jour très discutée. Certains historiens estiment qu'elle est l'ancêtre de pains très fins façonnés par les nomades des steppes eurasiatiques, ou qu'elle est née au XVIe siècle dans les cuisines du palais de Topkapi, vestige de l'Empire ottoman. Il faut dire que la yufka turque, ingrédient de base des böreks et des baklavas, lui ressemble beaucoup. D'autres penchent pour la Grèce, en se fondant sur sa racine étymologique, *phyllon* signifiant « feuille » en grec. Quoi qu'il en soit, cette fine feuille de pâte forme sur plusieurs épaisseurs le feuilletage typique des en-cas et pâtisseries de la Turquie, de la Grèce, des Balkans et par extension, du Liban (qui faisait partie de l'Empire ottoman jusqu'en 1918).

Elle est généralement composée de farine de blé riche en gluten, d'eau, parfois d'huile d'olive et de sel. Sa sœur du Maghreb, la feuille de brick, contient quant à elle un peu de semoule de blé. Plus résistante, mais aussi moins malléable, elle est rarement utilisée au Liban. Une fois formée, la pâte filo est divisée en une dizaine de pâtons qui sont aplatis en galettes, généreusement farinés, puis empilés les uns sur les autres. Ils sont ensuite étalés et étirés le plus finement possible, à l'aide d'un long et mince rouleau à pâtisserie en bois de poirier. Il en résulte un paquet de feuilles souples, fines et transparentes comme du papier de soie. Cette recette traditionnelle est perpétuée dans des pâtisseries artisanales, les plus réputées étant situées à Tripoli. Avec les feuilles de pâte filo, on y réalise essentiellement des baklavas, petites bouchées feuilletées fourrées aux pistaches, noix, amandes et/ou pignons de pin et arrosées de sirop à l'eau de fleur d'oranger. Ils sont formés en triangles, en carrés, en petits nids (ish el boulboul), en chaussons (kol w'chkor), en roulés (baklava rolls), allongés (baklava fingers et znoud el sit, « bras des dames », fourré de crème ashta). Côté salé, citons les rekakat b'jebné (voir page 44), cigares feuilletés au fromage (akawi, halloumi...).

La pâte filo est disponible dans les supermarchés et les épiceries orientales, au rayon frais. Si on peut déplorer l'absence de version bio, contrairement aux feuilles de brick, optons pour une garniture de qualité, histoire de garder bonne conscience ! Pour éviter qu'elles se dessèchent, sortez les feuilles du sachet au fur et à mesure et graissez-les, avec de l'huile ou du beurre clarifié (samné). Ce tour de main permet de les souder et de bien les faire dorer à la cuisson.

Un autre produit à base de farine de blé et donnant du croustillant est utilisé en pâtisserie : le kadaïf (ou knafé). Ces longs vermicelles souples, conditionnés en sachets, entrent dans la composition du knafé bel jebné (entremets au fromage frais), de l'osmallié (gâteau fourré au fromage frais) et des barma (tubes croquants à la pistache).

CIGARES FEUILLETÉS AU FROMAGE

Rekakat b'jebné **Contrairement au börek, cousin arménien plié en samoussa, le rekakat se façonne en cigare. C'est la seule différence, car tous deux sont fourrés au fromage et aux herbes. Pour que ce feuilleté ne s'éclate pas aux extrémités à la cuisson, faites-le rissoler dans un fond d'huile plutôt que cuire au four. Ce procédé permet en outre d'obtenir des rekakats uniformément dorés. S'ils font partie des mezzés chauds, rien ne vous empêche d'en faire un plat principal, servi avec de copieuses crudités.**

PRÉPARATION	CONSERVATION
30 MIN	3 JOURS
CUISSON	**REPOS**
2 à 3 MIN	4 h

POUR 12 REKAKATS

200 g de feta, **100 g** d'halloumi (ou de mozzarella), **½** botte de persil plat, **1 c. à c.** de poivre noir concassé, **6** feuilles de pâte filo, huile d'olive, huile de friture

1. Détaillez la feta et l'halloumi en gros cubes. Laissez-les tremper dans un saladier rempli d'eau froide pendant 4 heures, en changeant l'eau deux fois.

2. Égouttez les fromages, puis épongez-les avec du papier absorbant. Émiettez-les dans un saladier.

3. Lavez et équeutez le persil. Hachez-le finement et ajoutez-le aux fromages, ainsi que le poivre.

4. Pliez en deux une feuille de pâte filo, dans le sens de la longueur, et coupez-la pour obtenir deux demi-feuilles. Pliez-en une en deux. Positionnez le côté le plus large face à vous. Huilez légèrement la partie haute. Déposez en bas, à 2 cm du bord, 1 cuillerée à soupe de farce au fromage étalée sur la longueur. Rabattez les bords de gauche et de droite sur la farce, puis le bord du bas. Roulez l'ensemble jusqu'en haut. Procédez de la même façon avec le reste des ingrédients, en veillant à sortir les feuilles une à une de leur sachet pour éviter qu'elles se dessèchent.

5. Versez un fond d'huile de friture (environ ½ cm) dans une grande poêle et faites-la chauffer à feu modéré. Quand l'huile est chaude, baissez le feu et disposez les feuilletés dedans. Laissez-les rissoler pendant 2 à 3 minutes, en les retournant à mi-cuisson. Servez bien chaud.

BAKLAVAS AMANDES, PISTACHES ET PIGNONS

Baklavas **Délicieuses petites bouchées croustillantes que sont les baklavas ! On craque pour leur farce aux amandes enserrée dans des feuilles de filo nappées de sirop à l'eau de fleur d'oranger. Plutôt que de graisser les feuilles une à une, procédez comme les pâtissiers libanais : assemblez le baklava à sec, découpez-le, puis versez le beurre fondu dessus. Les industriels ou les ménagères souhaitant des baklavas plus légers optent pour l'huile de tournesol. D'autres comme moi préfèrent la version au samné, le beurre clarifié libanais préparé comme le ghee indien. Très stable car dénué de petit-lait, il se conserve à température ambiante pendant des mois et donne un goût sublime aux pâtisseries orientales.**

PRÉPARATION	CONSERVATION
40 MIN	1 SEMAINE
CUISSON	**REPOS**
30 MIN	4h

INGRÉDIENTS

250 g de beurre doux, **100 g** d'amandes, **140 g** de pistaches, **60 g** de pignons de pin, **10** feuilles de pâte filo (**1** paquet de **250 g**), **250 g** de sucre de canne blond, **150 ml** d'eau, **3 c. à s.** d'eau de fleur d'oranger

À savoir : utilisez le reste du samné pour faire dorer des pommes de terre, des légumes ou graisser d'autres feuilletages.

1. Préparez le samné. Faites fondre le beurre à feu très doux dans une petite casserole. Au départ, on distingue le petit-lait (liquide blanchâtre), puis peu à peu, le beurre commence à former une écume. Mélangez et poursuivez la cuisson pendant 15 minutes. Arrêtez le feu dès que des particules roussâtres se forment au fond de la casserole. Filtrez le liquide jaune d'or obtenu à travers un tamis couvert d'un linge fin. Réservez.

2. Mixez les amandes, les pistaches et les pignons de pin. Procédez par à-coups pour éviter de les transformer en poudre trop fine.

3. Préchauffez le four à 180 °C (th. 6). Pliez le paquet de feuilles filo en deux dans le sens de la longueur et coupez-le à la pliure de façon à obtenir 2 paquets de 10 feuilles.

4. Placez le premier paquet au fond d'un moule rectangulaire de taille adaptée. Répartissez le mélange aux amandes. Ajoutez le deuxième paquet de feuilles filo.

5. Aplatissez un peu avec la paume. Quadrillez le tout avec un couteau bien tranchant de façon à former des carrés ou des losanges.

6. Versez 100 ml de samné et enfournez pour 15 minutes.

7. Pendant ce temps, préparez le sirop ater. Mélangez le sucre, l'eau et l'eau de fleur d'oranger dans une casserole, et faites chauffer à feu doux. Comptez 6 à 7 minutes de cuisson à compter de l'ébullition.

8. Sortez les baklavas du four et arrosez-les de sirop. Laissez reposer 4 heures avant de déguster, avec du thé.

LES PAINS LIBANAIS

Difficiles à reproduire chez soi, faute de saj ou de tannour, ils sont disponibles dans toute épicerie orientale qui se respecte...

Le khobz loubnani est le pain quotidien des Libanais et celui qui s'exporte le plus. Fine pita de 20 à 30 cm de diamètre, à base de farine de blé blanc, de levure de boulanger, d'eau tiède et d'huile d'olive (parfois), il est cuit au four à bois, comme la man'ouché (voir page 30). En quelques dizaines de secondes, il se met étonnamment à gonfler (d'où son surnom de « pain poche »). À l'ancienne, il est abaissé à la façon des pizzaiolos : le pâton est étalé avec la paume, puis détendu par de rapides mouvements circulaires effectués d'un poignet à l'autre. Cette danse permet d'obtenir un disque parfaitement rond et plat. Dans les furns (boulangeries) plus modernes, il est pressé mécaniquement par un rouleau d'acier.

Un autre pain réputé, le markouk, suit presque le même principe, mais reste plus folklorique dans sa cuisson. Une fois abaissé, le disque de pâte est placé sur un coussin rond (kara), étiré délicatement et retourné sur un saj, grande plaque métallique convexe chauffée au feu de bois ou au gaz. Ce pain-serviette, plus fin et plus large (60 cm de diamètre) que le khobz loubnani, est plié en quatre une fois cuit.

Moins connu, le tolmié (ou tlamé), pain épais aux farines de blé complet, de pois chiche et d'avoine, est surtout réalisé en zone rurale afin de répondre à l'impératif nutritif imposé par le climat et le travail des champs. Il est traditionnellement cuit dans un tannour, four de pierre et d'argile en forme de puits au fond duquel brûlent des braises. On le plaque à la verticale le long de la paroi et on le laisse cuire par chaleur rayonnante. Le khobz peut également être cuit de cette façon.

Un autre pain, au sésame, dont la mie évoque celle du pain au lait, est vendu dans les rues : c'est le kaak.

S'ils ne sont pas consommés de suite, ces pains sont conservés dans des sachets en plastique afin de maintenir leur souplesse. Elle est nécessaire, car les morceaux déchirés en lanières et recourbés font office de cuillère pour prélever la nourriture. Le pain plat sert de base à de nombreux sandwichs libanais : aux falafels (voir page 20), aux crudités, à la viande grillée en lamelles de type kebab (shawarma), aux brochettes d'agneau (lahmé mechwi), de bœuf (kafta) ou de poulet (chich taouk)... Comme il se dédouble facilement, on le farcit de viande ou de fromage, puis on le fait dorer au four (arayes, voir page 52). Les restes de pain séché ne sont pas jetés, mais grillés au four et ajoutés dans la salade fattouche (voir page 50) ou le fatté (voir page 22). Ils peuvent être trempés dans du lait et dorés à la poêle, avec du samné (voir page 46) et du sucre.

WRAP FATTOUCHE

Je vous propose la recette de la célèbre salade fattouche, mais revisitée afin de pouvoir la manger sur le pouce. On doit son nom au fait qu'elle est traditionnellement composée de miettes de pain grillé, le mot « fatt » indiquant l'action d'émietter en arabe. Ici, le mélange de crudités est enveloppé dans un grand pain libanais. Pour que l'ensemble tienne bien, je n'ai pas ajouté la sauce de base au citron et à l'huile d'olive, mais une variante plus crémeuse au tahin (purée de sésame) et à la mélasse de grenade. C'est un sandwich frais et léger, qui tombera à pic lors d'une pause déjeuner estivale.

PRÉPARATION	CONSERVATION
40 MIN	1 JOURS
POUR	**REPOS**
4	6h

INGRÉDIENTS

Salade fattouche

1 petite laitue, **100 g** de pourpier (ou de mâche), **200 g** de tomates cerise, **1** concombre, **3** oignons nouveaux, **1** petite botte de persil plat, **½** botte de menthe, **4** grands pains plats libanais (ou **8** moyens)

Sauce

1 c. à s. de mélasse de grenade, **2 c. à s.** de purée de sésame, **80 ml** d'eau tiède, **1 c. à s.** de sumac

1. Lavez la laitue et coupez les plus grandes feuilles en deux.

2. Lavez soigneusement le pourpier.

3. Rincez les tomates et fendez-les en quatre.

4. Pelez et émincez le concombre.

5. Lavez et détaillez en fines rondelles les oignons nouveaux.

6. Équeutez le persil et la menthe. Hachez-les finement.

7. Mélangez l'ensemble dans un grand saladier.

8. Dans un bol, fouettez tous les ingrédients de la sauce jusqu'à ce qu'elle soit onctueuse.

9. Nappez un premier pain plat avec cette sauce, ajoutez 2 ou 3 poignées de salade fattouche, puis roulez-le sur lui-même. Enveloppez-le dans du papier sulfurisé que vous maintiendrez avec un élastique. Procédez de la même façon avec le reste des ingrédients.

À savoir : l'humidité des légumes et de la sauce permet au pain de rester bien tendre.

PAIN FOURRÉ AUX FROMAGES LIBANAIS

Arayes **Voici une recette vite faite, bien faite pour les soirs où vous êtes pressé : du pain plat libanais ouvert sur le côté, farci de fromages libanais (chanklich et halloumi) et d'oignons rouges dorés. On badigeonne le tout d'huile d'olive, on met au four et le tour est joué ! Ce plat s'inspire de l'arayes, le plus souvent farci à la viande hachée, mais la version végétarienne au fromage est encore plus rapide à préparer.**

PRÉPARATION	CONSERVATION
20 MIN	2 JOURS
CUISSON	**POUR**
8 à 10 MIN	4

INGRÉDIENTS

1 oignon rouge,
3 c. à s. d'huile d'olive,
2 boules de chanklich
(ou **200 g** de feta aux herbes),
250 g d'halloumi (ou de mozzarella),
2 pains plats libanais,
1 c. à s. de zaatar

1. Préchauffez le four à 180 °C (th. 6).

2. Pelez et émincez l'oignon rouge. Faites-le dorer à la poêle pendant 6 à 7 minutes, avec 2 cuillerées à soupe d'huile d'olive.

3. Découpez 1 boule de chanklich et l'halloumi en petits dés. Ajoutez les oignons et malaxez l'ensemble jusqu'à obtention d'une farce homogène (il peut rester quelques morceaux entiers).

4. Ouvrez les pains sur le côté, jusqu'à la moitié, avec un couteau denté. Farcissez-les du mélange de fromages.

5. Disposez-les sur une grande plaque allant au four. Appuyez un peu dessus pour sceller le tout. Badigeonnez avec le reste de l'huile.

6. Découpez la deuxième boule de chanklich en rondelles et répartissez-les sur les pains. Parsemez de zaatar.

7. Faites cuire 8 à 10 minutes au four. Coupez les pains en deux et répartissez-les sur les assiettes, avec des crudités arrosées de mélasse de grenade et d'huile d'olive.

À savoir : l'halloumi étant un fromage relativement salé, vous pouvez le faire tremper dans un saladier rempli d'eau froide pendant 4 heures (en changeant l'eau deux fois), puis bien le rincer.

mymouné
Pomegranate Molasses
Mélasse de Grenades
No additives
9 Floz e 26 cl.

LA MÉLASSE DE GRENADE

Acidulé, sirupeux et aromatique, ce nectar à la robe pourpre est un incontournable de la cuisine libanaise...

La grenade fait partie intégrante de la culture alimentaire du Liban et des pays du Moyen-Orient. Cultivée depuis des millénaires, sacrée pour les Phéniciens (ancêtres des Libanais) et dans les trois religions monothéistes, elle symbolise le sang, la fécondité, la vie, l'immortalité. Il faut dire que la grenade est un concentré d'énergie avec sa forte teneur en antioxydants et en vitamines. Les nombreuses études scientifiques menées valident ses vertus médicinales, qui s'appliquent surtout aux pathologies cardio-vasculaires et aux cancers.

Au Liban, on confectionne avec son jus la fameuse mélasse. Elle n'est pas du tout fabriquée comme la mélasse de canne, issue du sirop résiduel obtenu lors de la fabrication du sucre de canne en poudre. La peau des grenades est tout d'abord incisée en quatre ou en six quartiers qui se détachent sous la pression des mains. Apparaissent alors les graines rouge rubis (appelées « arilles »), agglomérées entre des cloisons membraneuses blanchâtres (retirées et jetées car trop amères). On presse les graines pour en recueillir le précieux jus et on le fait bouillir à feu très doux jusqu'à obtention d'un sirop épais et concentré. Il faut au moins 6 à 7 l de jus pour obtenir 1 l de mélasse. Ce produit n'a rien à voir avec le sirop de grenadine artisanal (autrefois réalisé avec du jus de grenade et du sucre, aujourd'hui avec des fruits rouges).

La mélasse de grenade est utilisée dans les plats salés comme la mouhammara (purée de poivrons rouges aux noix et aux piments, voir page 56), la salade fattouche, les batenjane bil rimmane (aubergines grillées), certaines recettes paysannes à base de boulgour (kébbé), les minipizzas carrées à la viande et à la tomate (lahmé bi ajine). On en nappe des foies de volaille, des makaniks (saucisses épicées arméniennes) ; elle caramélise des légumes racines ou est incorporée dans des marinades de viande ou le ketchup maison. Côté sucré, cette mélasse se déguste dans les yaourts, sur des crêpes ou du pain, ou est incorporée dans les salades de fruits et des pâtes à gâteaux.

Dans les épiceries, la marque Mymoumé propose une mélasse artisanale élaborée exclusivement à partir de jus de grenade fraîche et locale. Les autres contiennent des additifs comme du caramel, dénué d'intérêt nutritionnel. Quant à la mélasse de caroube (debs el kharroub) et la mélasse de raisin (debs el inab), elles sont souvent mélangées avec de la purée de sésame et dégustées avec du pain en guise de dessert, ou ajoutées dans les pâtes à gâteaux.

PURÉE DE POIVRONS À LA GRENADE

Mouhammara **C'est une recette populaire partout au Liban, plus particulièrement dans le Nord du pays, puisqu'elle puise son origine dans la ville d'Alep en Syrie. Contrairement à l'houmous, dont les ingrédients ne changent pas, la mouhammara est très variable dans sa composition. Certaines fois, les poivrons rouges sont remplacés par des piments rouges, les pignons de pin par des noix, avec ou sans chapelure. En revanche, on n'échappe jamais à la mélasse de grenade, qui apporte à ce plat une saveur fruitée et acidulée. Proposez-la avec de l'houmous et alternez la dégustation des deux. Vous serez surpris de constater comme la douceur du pois chiche est complétée par la fougue de cette pâte de poivrons épicée.**

PRÉPARATION 30 MIN

CONSERVATION 3 JOURS

CUISSON 25 MIN

REPOS 20 minutes

POUR 6

3 gros poivrons rouges,
1 petit morceau de piment rouge lavé et épépiné (ou **½ c. à c.** de piment d'Espelette, ou **1** pincée de piment chili en poudre),
2 gousses d'ail pelées,
100 g de cerneaux de noix,
30 g de chapelure (croûtons de pain ou biscottes réduits en poudre), **2 c. à s.** de mélasse de grenade, **50 ml** d'huile d'olive,
1 pincée de sel

1. Préchauffez le four à 230 °C (th. 7-8). Lavez les poivrons, fendez-les en deux, retirez le pédoncule, la membrane blanche et les graines, puis rincez-les à nouveau.

2. Disposez-les sur une plaque, peau en direction du gril, et enfournez pour 20 à 25 minutes, jusqu'à ce que la peau soit flétrie et légèrement brûlée sur les bords.

3. Retirez les poivrons du four et placez-les dans un plat en Pyrex. Couvrez-le avec un couvercle adapté. Laissez les poivrons refroidir complètement avant de retirer leur peau.

4. Mixez le piment avec l'ail, les noix, la chapelure, la mélasse de grenade et la moitié des poivrons.

5. Quand l'ensemble est bien homogène, ajoutez le reste des poivrons, l'huile et le sel. Mixez à nouveau.

LA GOMME MASTIC

Succombez à ses notes résineuses pour parfumer les entremets libanais...

La gomme mastic est une résine aromatique naturelle sécrétée par le pistachier lentisque (*Pistacia lentiscus*), un petit arbuste tortueux présent dans les garrigues du pourtour méditerranéen. Au Liban, il prospère sur le littoral, aux côtés du caroubier et du pistachier térébinthe. Mais c'est sur l'île grecque de Chios, à 10 km des rivages de la Turquie, qu'est récoltée la variété la plus pure (chia), bénéficiant d'une AOC. Les Ottomans, qui ont régi durant des siècles les pays méditerranéens, ont favorisé son expansion et son commerce au Liban.
Le processus de production de la gomme mastic s'étale de juin à octobre. La périphérie du tronc est grattée, balayée, puis couverte d'une fine terre calcaire. Avec un outil tranchant, on incise (ou « brode ») l'écorce, qui exsude alors un liquide sirupeux et cristallin tombant goutte à goutte sur le sol. Une fois solidifiées, les « larmes » sont récoltées, nettoyées, séchées au soleil pendant 2 à 3 semaines, puis débarrassées manuellement des impuretés résiduelles. Initialement ambrées, elles deviennent jaune clair au bout de 1 an.
Nombreux sont les foyers libanais à détenir dans leurs placards une boîte métallique contenant des larmes de mastic (miské). On le retrouve dans le moullalabié (entremets au lait et à la fleur d'oranger), l'ashtaliyé (entremets plus crémeux), le layali loubnan (gâteau de semoule au lait), la glace au lait (bouza bi halib), certains pains sucrés (comme le qurban) et la marinade à shawarma (viande à kebab en lamelles). Vous pouvez en ajouter dans du riz au lait, des confitures ou des pâtes à gâteaux. Quelques larmes (7 à 8, ou ½ cuillerée à café, ou 1 à 2 g) suffisent à aromatiser 1 l de préparation. Broyez-les finement avec un peu de sucre dans un mortier, puis ajoutez-les au mélange chaud pour qu'elles se diluent. Procédez au dernier moment, hors du feu, pour limiter leur amertume.
Contrairement à l'idée répandue, le mastic joue plus un rôle d'exhausteur de goût et n'apporte pas d'élasticité notable aux préparations comme les fameuses glaces turques (dondurma). C'est le mélange alchimique entre la poudre de sahlep (racine d'une orchidée, *Orchys mascula*) et les cristaux de glace, combinés lors d'un battage régulier, qui développe cette texture *chewy* caractéristique (impossible à reproduire chez soi, le vrai sahlep étant interdit à l'exportation car devenu rare).
La gomme mastic est souvent confondue avec la gomme arabique, issue de la sève de l'acacia Sénégal ou de l'acacia seyal, originaires d'Afrique. Cet épaississant alimentaire (E414), insipide, sert notamment à la fabrication des loukoums.

CRÈME GLACÉE AU MASTIC ET AU SÉSAME

Bouza bi miské wa tahiné **Cette recette est une déclinaison de la célèbre glace au lait libanaise. Les vendeurs ayant pignon sur rue y ajoutent généralement du sahlep (poudre de racine d'orchidée, voir page 59) pour obtenir une texture élastique. En France, il est impossible d'en trouver du vrai. Seule une préparation instantanée existe dans les épiceries orientales, mais il ne s'agit que de sucre, de lait en poudre, d'épices, de gomme arabique, d'émulsifiant et de sahlep en quantité infime. Pour le remplacer et rester dans l'esprit libanais, j'ai opté pour de la purée de sésame bien crémeuse associée à la saveur résineuse du mastic. Cette glace plaît aux amateurs de saveurs inédites.**

PRÉPARATION	CONSERVATION
30 MIN	1 AN
CUISSON	REPOS
7 MIN	8h

POUR 6

700 ml de lait, **70 g** de sucre de canne blond, **30 g** d'arrow-root (ou de fécule de maïs), **4** à **5** larmes de mastic broyées dans **1 c. à s.** de sucre, **130 g** de purée de sésame

1. Versez le lait, le sucre et l'arrow-root dans une casserole. Fouettez, portez doucement à ébullition et continuez jusqu'à épaississement.

2. Hors du feu, ajoutez le mastic en fouettant vivement, puis la purée de sésame.

3. Une fois la crème refroidie, versez-la dans la cuve d'une sorbetière et lancez la turbine. Stockez la glace obtenue dans une boîte hermétique au congélateur pendant au moins 2 heures avant de la consommer.

4. Si vous n'avez pas de sorbetière, placez la crème dans une boîte hermétique et mélangez-la toutes les 2 heures pendant 8 heures afin de la rendre bien onctueuse.

L'EAU DE FLEUR D'ORANGER

Avec sa fragrance unique et délicate, elle insuffle dans les desserts un vent d'Orient.

Mazaher : c'est ainsi que les Libanais nomment l'eau de fleur d'oranger. Elle n'est pas élaborée à partir de l'oranger qui produit les oranges de table, mais du bigaradier, un oranger amer. L'arbuste épineux, originaire d'Asie, est désormais répandu dans tout le Moyen-Orient, y compris au Liban où il se plaît à basse et moyenne altitude. À Maghdouché, près de Sayda (anciennement Sidon) dans le Sud, on fabrique l'eau de fleur d'oranger la plus réputée. La petite ville de 8 000 habitants, surnommée la Capitale de l'Or Blanc du Liban, dégage au printemps de tels effluves enivrants qu'elle devient un lieu de balade incontournable pour nombre de Libanais. Les bourgeons de fleurs sont récoltés entre février et mars, une fois éclos à 20 %. Les cueilleurs, aux gestes aussi méticuleux que rapides, les placent dans de larges paniers pour éviter de les tasser. Dans les coopératives, le minimum de 10 kg de fleurs récoltées à la journée souligne la pénibilité de ce travail.

L'eau de fleur d'oranger est obtenue par un procédé appelé « hydrodistillation », réalisé de manière artisanale grâce à un alambic. On place les pétales avec de l'eau dans une première cuve (appelée « chaudière » et placée sur un foyer) fermée avec un couvercle (le chapiteau) au bout duquel est placé un tuyau recourbé appelé « col du cygne ». Il recueille peu à peu la vapeur d'eau riche en parfums qui se fixe sur sa paroi. La vapeur condensée redescend dans un autre tuyau en serpentin, placé dans une deuxième cuve (de refroidissement), puis ressort par un tuyau terminal. On jauge la qualité d'un hydrolat aux « yeux » (huile essentielle) qu'il forme à la surface de la fiole.

Les fleurs du bigaradier sont également confites dans du sucre, de même que la peau des fruits ; le jus est transformé en sirop.

L'eau de fleur d'oranger entre dans la composition du fameux café blanc libanais, eau bouillante additionnée de sucre et de cette essence digestive. On en ajoute dans les jus d'orange, les citronnades et le sirop de pâtisserie (ater, voir page 61). Elle est omniprésente dans les desserts libanais : ashtaliyé, atayefs (voir page 66), baklavas (voir page 46), maamouls (voir page 70), maakarouns, namouras (voir page 66), moullalabié, riz au lait, hariri (gruau de farine au lait et au sucre). En France, elle sublime nos beignets, madeleines, brioches et quatre-quarts. N'ayez pas la main trop lourde : comptez 2 à 3 cuillerées à soupe pour une recette standard.

L'eau de fleur d'oranger de qualité est disponible dans les épiceries bio. Dans la mesure du possible, optez pour les marques libanaises. Elles favorisent le développement économique des villages producteurs et le travail des femmes en zone rurale.

GÂTEAUX DE SEMOULE À LA FLEUR D'ORANGER

Namouras **Les namouras font partie des pâtisseries les plus célèbres au Liban. Ce sont des petits gâteaux de semoule au yaourt gorgés de sirop au miel et à l'eau de fleur d'oranger, en forme de carrés ou de losanges. La purée de sésame et la petite amande mondée déposée sur le dessus leur confèrent un goût de galette à la frangipane absolument irrésistible. Comme presque toutes les douceurs orientales, les namouras ne contiennent pas d'œufs et se conservent ainsi très longtemps (pour peu que vous y parveniez !).**

PRÉPARATION	CONSERVATION
1h	1 SEMAINE
CUISSON	**REPOS**
40 MIN	7h30

POUR 50 PETITS GÂTEAUX

Pâte à la semoule

2 yaourts de brebis (ou de labné), **200 g** de sucre de canne blond, **100 g** de purée de sésame, **4 c. à s.** d'eau de fleur d'oranger, **400 g** de semoule de blé fine, **1 c. à c.** de poudre à lever, **50** amandes entières

Sirop (ater)

300 ml d'eau, **250 g** de sucre de canne blond, **100 g** de miel doux, **3 c. à s.** d'eau de fleur d'oranger

1. Fouettez les yaourts, le sucre, 90 g de purée de sésame et l'eau de fleur d'oranger dans un saladier.

2. Ajoutez la semoule et la poudre à lever. Mélangez à la main.

3. Couvrez et laissez reposer pendant 1 heure.

4. Pendant ce temps, mondez les amandes : faites bouillir 500 ml d'eau dans une casserole et plongez-y les amandes. Laissez-les mijoter pendant 1 minute, puis égouttez-les. Retirez leur peau.

5. Préchauffez le four à 180 °C (th. 6). Graissez un moule rectangulaire avec le reste de la purée de sésame et versez-y la pâte. Lissez la surface avec la paume, puis à l'aide d'une cuillère à soupe.

6. Quadrillez la pâte à l'aide d'un couteau huilé. Disposez sur chaque empreinte 1 amande.

7. Enfournez pour 40 minutes.

8. Préparez le sirop. Versez l'eau et le sucre dans une casserole. Faites cuire pendant 7 à 8 minutes à compter de l'ébullition. Laissez tiédir.

9. Ajoutez le miel et l'eau de fleur d'oranger.

10. Sortez le gâteau du four. Versez le sirop dessus, puis replacez le moule au four éteint pour 30 minutes.

11. Sortez le moule du four et laissez refroidir à température ambiante pendant 6 heures, jusqu'à ce que les namouras soient parfaitement imbibés.

CORNETS À LA CRÈME ET À LA PISTACHE

Atayefs **Si vous aimez les desserts pas comme les autres, avec du fromage frais par exemple, ces atayefs sont faits pour vous. Tout est étonnant dans cette recette. Premièrement, la pâte est sans œufs. Comme elle n'est cuite que d'un seul côté, elle forme à sa surface une multitude de petits trous et ressemble au baghrir, le pancake du Maghreb. Une fois repliée et pincée aux deux tiers, la petite crêpe se transforme en cornet pour accueillir de la crème ashta, remplacée ici par du mascarpone et de la ricotta, parfumée à la fleur d'oranger. Pour changer du sirop ater (voir page 64), dont on nappe le cornet, je vous propose d'utiliser du sirop d'agave, connu pour son faible indice glycémique.**

PRÉPARATION 1 h 15

CONSERVATION 2 JOURS

CUISSON 30 MIN

REPOS 30 MINUTES

POUR 20 ATAYEFS

Pâte
200 g de farine de blé, **2 c. à c.** de levure sèche de boulanger, **1** pincée de bicarbonate de soude, **1 c. à s.** de sucre, **300 ml** de lait tiède

Crème
120 g de mascarpone, **80 g** de ricotta, **1 c. à s.** de sucre, **2 c. à s.** d'eau de fleur d'oranger, **20 g** de pistaches hachées finement

Sirop
100 ml de sirop d'agave, **2 c. à s.** d'eau de fleur d'oranger

1. Mélangez dans un saladier la farine, la levure de boulanger, le bicarbonate et le sucre. Ajoutez le lait en fouettant bien. Laissez reposer 30 minutes.

2. Pendant ce temps, fouettez tous les ingrédients de la crème (sauf les pistaches) et placez le mélange au réfrigérateur.

3. Mélangez le sirop d'agave avec l'eau de fleur d'oranger.

4. Faites chauffer une grande poêle antiadhésive sur feu doux. Quand elle est chaude, versez-y une petite louchée de pâte. Elle va peu à peu s'étaler et prendre la forme d'une crêpe épaisse. En fonction de la taille de la poêle, ajoutez d'autres louchées pour former d'autres crêpes. Laissez cuire les crêpes à feu doux. Des trous vont peu à peu apparaître à la surface. Quand celle-ci est sèche, retirez les crêpes et posez-les sur un plat. Procédez de la même façon avec le reste de la pâte.

5. Attendez que les crêpes soient bien froides. Prenez-en une, déposez une grosse noix de crème au milieu, pliez-la en deux et pincez fermement l'extrémité aux deux tiers de façon à former un cornet. Retirez l'éventuel excédent de crème. Parsemez de pistaches hachées et appuyez doucement pour les faire pénétrer dans la crème. Procédez de la même façon avec les autres crêpes.

6. Disposez les atayefs sur un plat de présentation, versez un peu de sirop dessus et proposez-en à part.

LES AMANDES DE CERISIER MAHALEB

Vous recherchez une épice rare qui, comme la fève tonka ou la cannelle, parfume les pâtisseries ? Découvrez le mahaleb et son arôme d'amande amère...

Le *Prunus mahaleb*, cerisier sauvage largement présent dans les garrigues du Bassin méditerranéen et du Moyen-Orient, aime la chaleur et les terres arides. Mais il n'est pas si exotique que cela. Il croît également en Europe, y compris en France, où il répond au joli nom de « bois de sainte Lucie ». Chez nous, il se plaît dans les forêts clairsemées et les haies champêtres, à mi-ombre. Souvent seul, à côté de ses cousins de la famille des rosacées (aubépine, églantier, pommier, prunellier), il se reconnaît facilement grâce à son tronc pourpre découpé en bandes circulaires.

Une fois qu'on l'a repéré, il faut lever le nez au ciel pour observer ses petites cerises noir violacé ovoïdes. Le noyau, assez gros, laisse peu de place à la chair. Celle-ci ne se mange pas car bien trop amère, sans pour autant être toxique. Une fois le noyau brisé, on découvre le (vrai) fruit tant recherché par les gastronomes orientaux, pas plus gros qu'un grain de poivre, allongé comme une amande, beige et strié comme du bois tendre. On serait presque tenté de le croquer du bout des dents, mais notez bien qu'il contient un hétéroside libérant de l'acide cyanhydrique. Quelques amandons peuvent provoquer de fortes céphalées et des troubles cardio-vasculaires, dans le meilleur des cas. Une fois séchés, ils perdent en toxicité, mais la prudence reste de mise. L'odeur enivrante du mahaleb, évoquant le foin et la vanille, est aussi liée à la présence de coumarine, une substance active présente dans l'angélique et la fève tonka.

Le mahaleb consommé par les Libanais vient en majeure partie de la Syrie. Sa poudre est ajoutée dans les maamouls aux dattes, petits gâteaux de semoule fourrés à la pâte de dattes (voir page 70), dans certains biscuits et gâteaux (maakarouns, kaaks, halewe bil debs, qurban), dans le tcheurek, brioche de Pâques arménienne (la communauté arménienne étant largement représentée à Beyrouth). On la retrouve dans le nabulsi, fromage palestinien apprécié des Libanais du Sud. Elle est ajoutée dans la saumure de conservation de fromages paysans ou directement saupoudrée dessus.

Dans les épiceries, si vous trouvez du mahaleb en poudre, passez votre chemin. Comme le poivre, aux parfums volatils une fois moulu, il convient de l'acheter entier. Vérifiez sa couleur, vieux rose, signe de fraîcheur (jaune clair, il est périmé). Écrasez-le au mortier au dernier moment. N'utilisez pas plus d'une douzaine de graines (soit 1 cuillerée à café de poudre) pour une pâte à gâteau ou à pain de 500 g. Associé à la gomme mastic (voir page 59), il forme un duo aromatique typique des pâtisseries orientales.

SABLÉS AUX DATTES ET AU MAHALEB

Maamouls **Ce sont des petits gâteaux à servir idéalement avec le thé ou le café libanais. On craque pour leur texture friable et fondante, leur senteur d'amande amère et leur cœur à la pâte de dattes. Ce qui les rend encore plus charmants, c'est le moule à empreinte qui leur donne une si belle allure. On le déniche pour quelques euros dans les épiceries orientales. Vous verrez qu'il existe en plusieurs formes : ovale et allongé pour la farce à la pistache, rond et bombé pour la noix, rond et plat pour la datte.**

PRÉPARATION	CONSERVATION
50 MIN	**20 JOURS**
CUISSON	**REPOS**
10 MIN	**8 h**

POUR 6

100 g de semoule fine,
100 g de semoule extra-fine,
100 g de samné (voir page 46) ou de beurre fondu, **20 g** de sucre complet, **6 à 7** amandes de mahaleb finement broyées, **30 ml** d'eau de fleur d'oranger, **250 g** de pâte de dattes

1. Mélangez les semoules, le samné, le sucre et le mahaleb dans un grand saladier. Pétrissez bien l'ensemble puis couvrez-le. Laissez reposer pendant 8 heures.

2. Le lendemain, pétrissez à nouveau l'ensemble, avec l'eau de fleur d'oranger. Ajoutez-en un peu plus au besoin, pour que la pâte se tienne bien. On doit pouvoir former une boule compacte qui ne s'effrite pas.

3. Confectionnez des boules de pâte de dattes de la taille d'une grosse noisette.

4. Préchauffez le four à 180 °C (th. 6).

5. Prélevez une boule de pâte de la taille d'une clémentine. Aplatissez-la sur votre paume. Posez au centre une boule de dattes, puis creusez votre main de façon à l'envelopper de pâte. Roulez la boule obtenue entre vos mains. Saupoudrez le moule à maamouls de semoule extra-fine et posez la boule dans l'empreinte. Appuyez dessus pour qu'elle s'étale bien, puis tapez le moule à l'envers sur le plan de travail pour décoller le sablé. Procédez de la même façon avec le reste de la pâte.

6. Disposez les sablés sur 2 grandes plaques à pâtisserie, puis faites cuire au four pendant une dizaine de minutes.

RÉFÉRENCES

Blogs et sites internet de cuisine libanaise

http://www.sahten.com : le plus célèbre site francophone sur la cuisine libanaise, avec un forum

http://parisalep.com : blog sur la cuisine syrienne tenu par Alepine, joliment illustré et écrit

http://gastronomielibanaise.org : site de l'Académie de la gastronomie libanaise

http://www.dirtykitchensecrets.com (EN) : recettes libanaises nouvelle vague

http://www.maureenabood.com (EN) : blog de recettes traditionnelles avec de belles photos

http://www.tasteofbeirut.com : (EN) blog de Joumana, riche en recettes et anecdotes sur le Liban

Épiceries libanaises et orientales

Les Délices d'Orient (http://lesdelicesdorient.com), 52, avenue Emile Zola, 75015 Paris : produits artisanaux libanais « Mymouné » (sumac, zaatar, eau de fleur d'oranger, mélasse de grenade...), blé vert fumé, fromages frais, huile d'olive libanaise, arack, grand rayon traiteur.

Hératchian Frères (http://www.traiteurheratchian.fr), 6 rue Lamartine, 75009 Paris : produits traditionnels arméniens, grecs (gomme mastic de Chios), libanais et turcs.

Bahadourian (http://www.bahadourian.com), place Djebraïl Bahadourian, 20 rue Villeroy, 69003 Lyon : large choix de produits orientaux.

Exosud : 26, rue saint Michel, 13006 Marseille : produits arméniens, libanais et rayon traiteur.

L'épicerie de Bruno Bruno (http://www.lepiceriedebruno.com), 30 rue Tiquetonne, 75002 Paris : cumin, zaatar, sumac, poivre de Jamaïque et malaheb de qualité.

Beyrouth Paris (http://www.beyrouthparis.com) : épicerie on-line (gamme Mymouné).

Artisanat SEL (www.artisanatsel.com) : produits libanais issus de commerce équitable.

Livres de cuisine

Pomme Larmoyer, ***Cuisine du Liban***, éditions Marabout, 2006 : pour découvrir les basiques de la cuisine libanaise.

Andrée Maalouf et Karim Haïdar, ***Cuisine libanaise d'hier et d'aujourd'hui***, éditions Albin Michel, 2007

Ibrahim Mouzannar, ***La Cuisine libanaise***, éditions Librairie du Liban, 1996

Chérine Yazbeck, ***La Cuisine libanaise du terroir***, autoédition, 2009

Rudolf El-Kareh, ***Le Mezzé libanais***, éditions Actes Sud, 1998

Amal Marroun, ***Manger sur le pouce au Liban***, Éditions Sud-Ouest, 2012

Aïda Kanafani-Zahar, ***Muné, la conservation alimentaire traditionnelle au Liban***, Éditions de la Maison des sciences de l'homme, 1994

Dalal Holmin et Maher Abbas, ***Recettes végétariennes du Liban***, éditions La Plage, 2005

Chahnaz Kanawati, ***Un croissant fertile***, éditions Actes Sud, 2009

Greg et Lucy Malouf, ***Saha***, Éditions du Rouergue, 2007

Achevé d'imprimer en février 2014